Sophie Beer

the TOY Swap

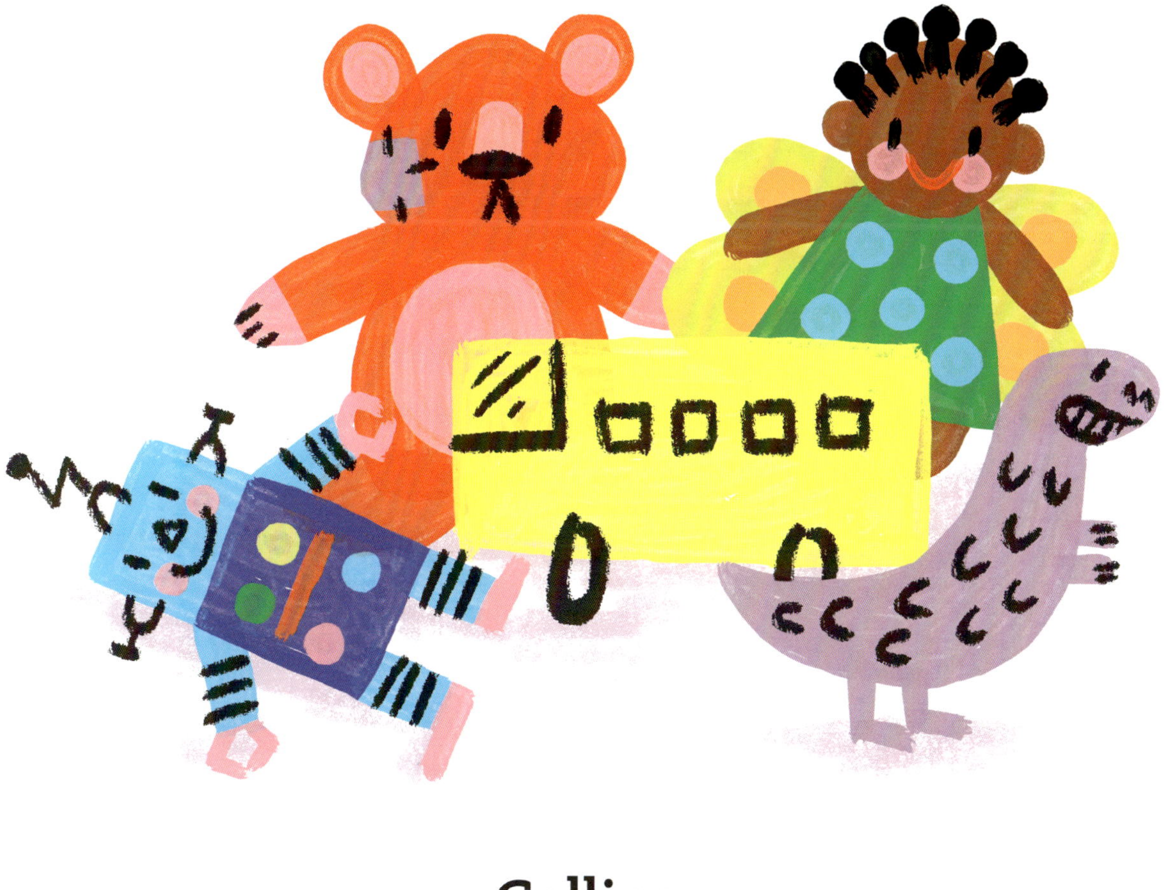

Collins

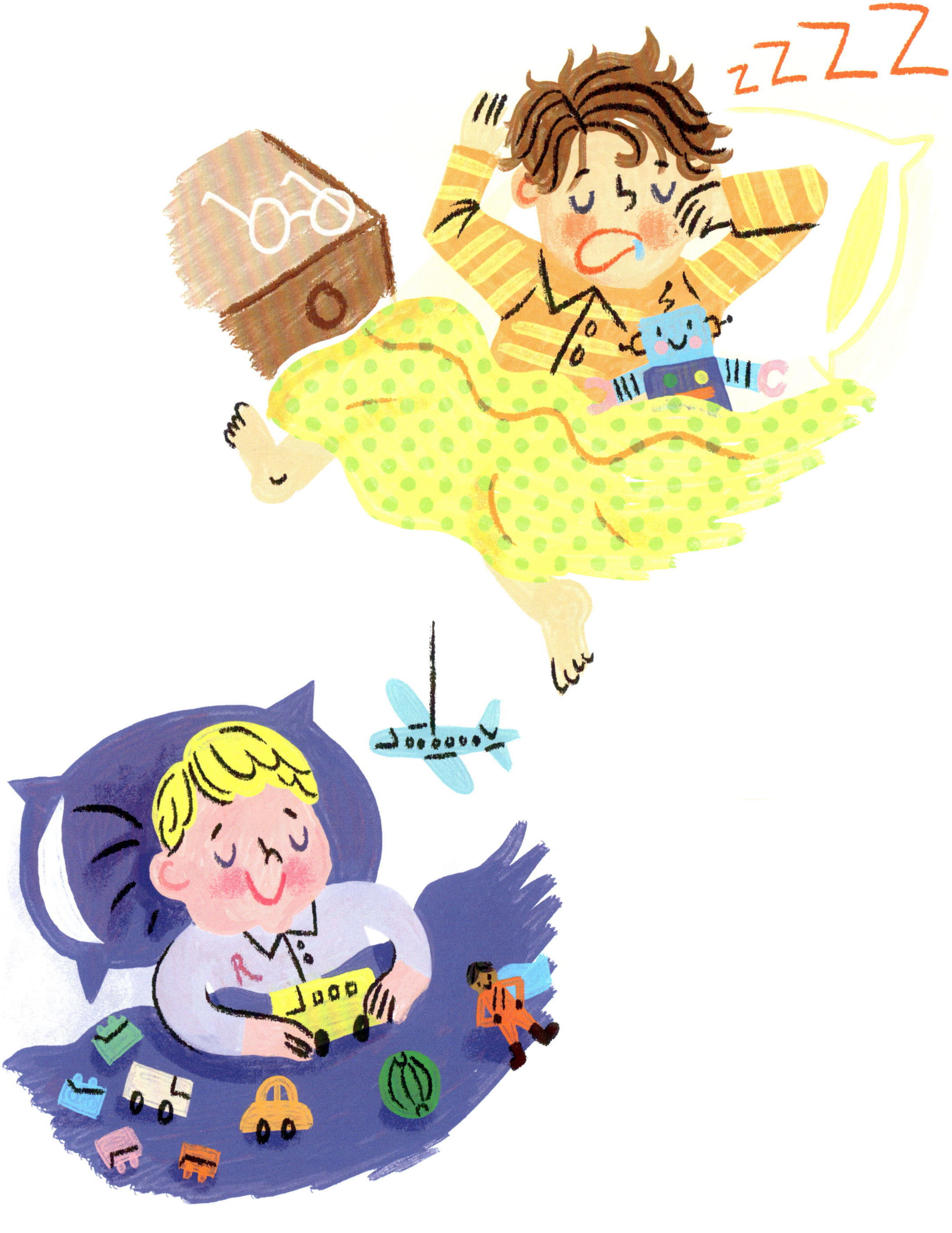
zzZZZ

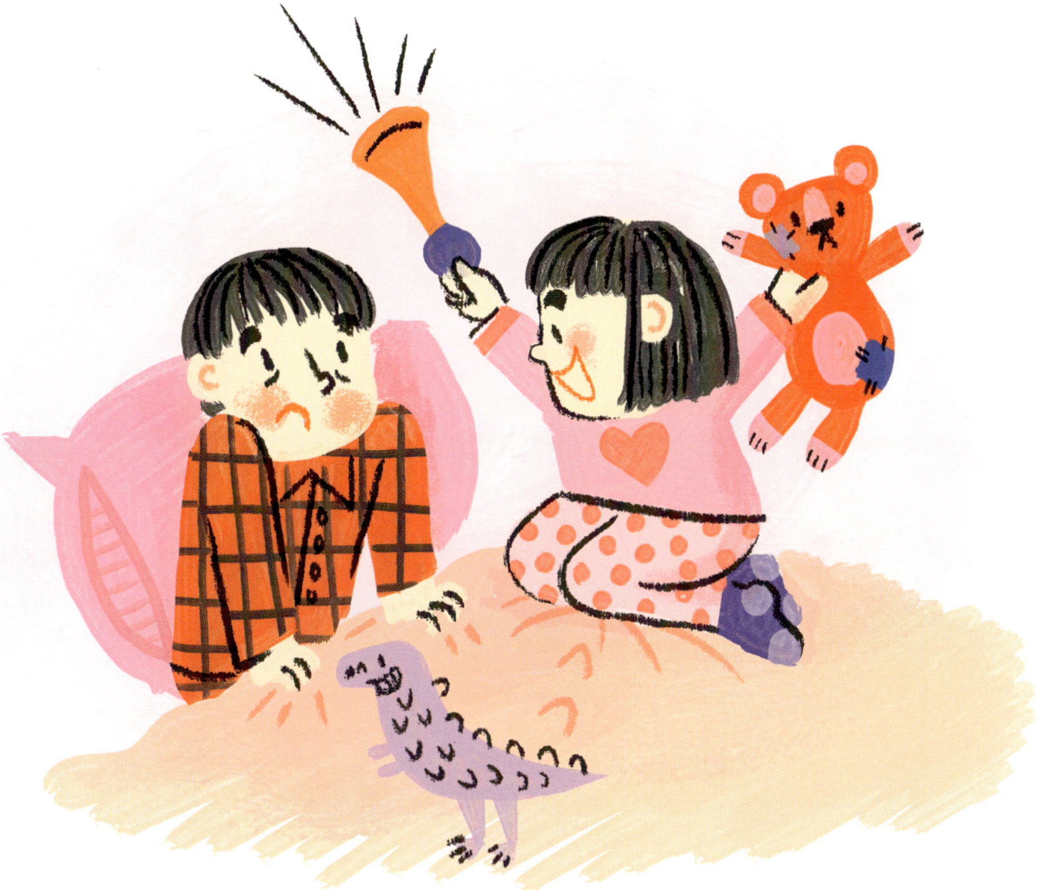

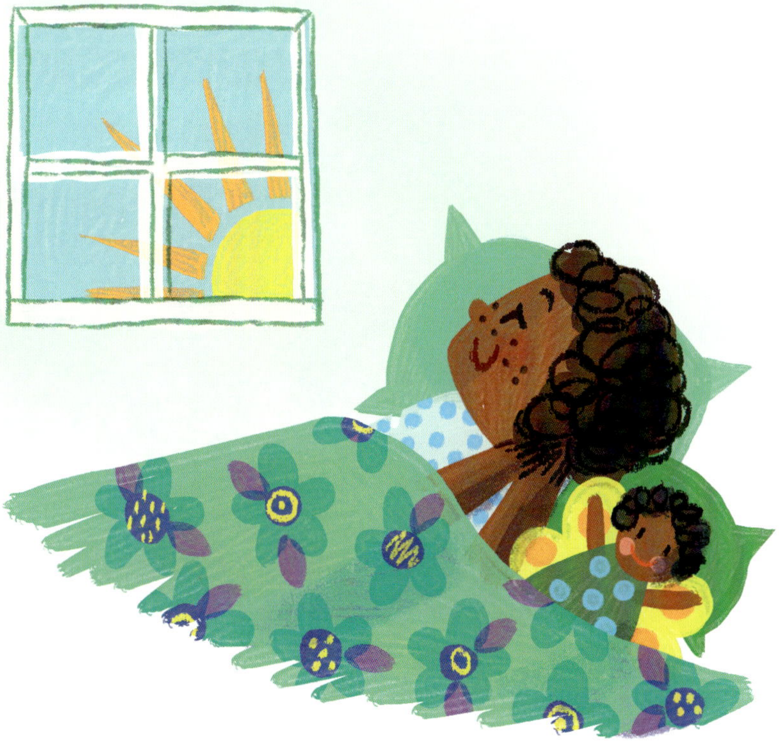

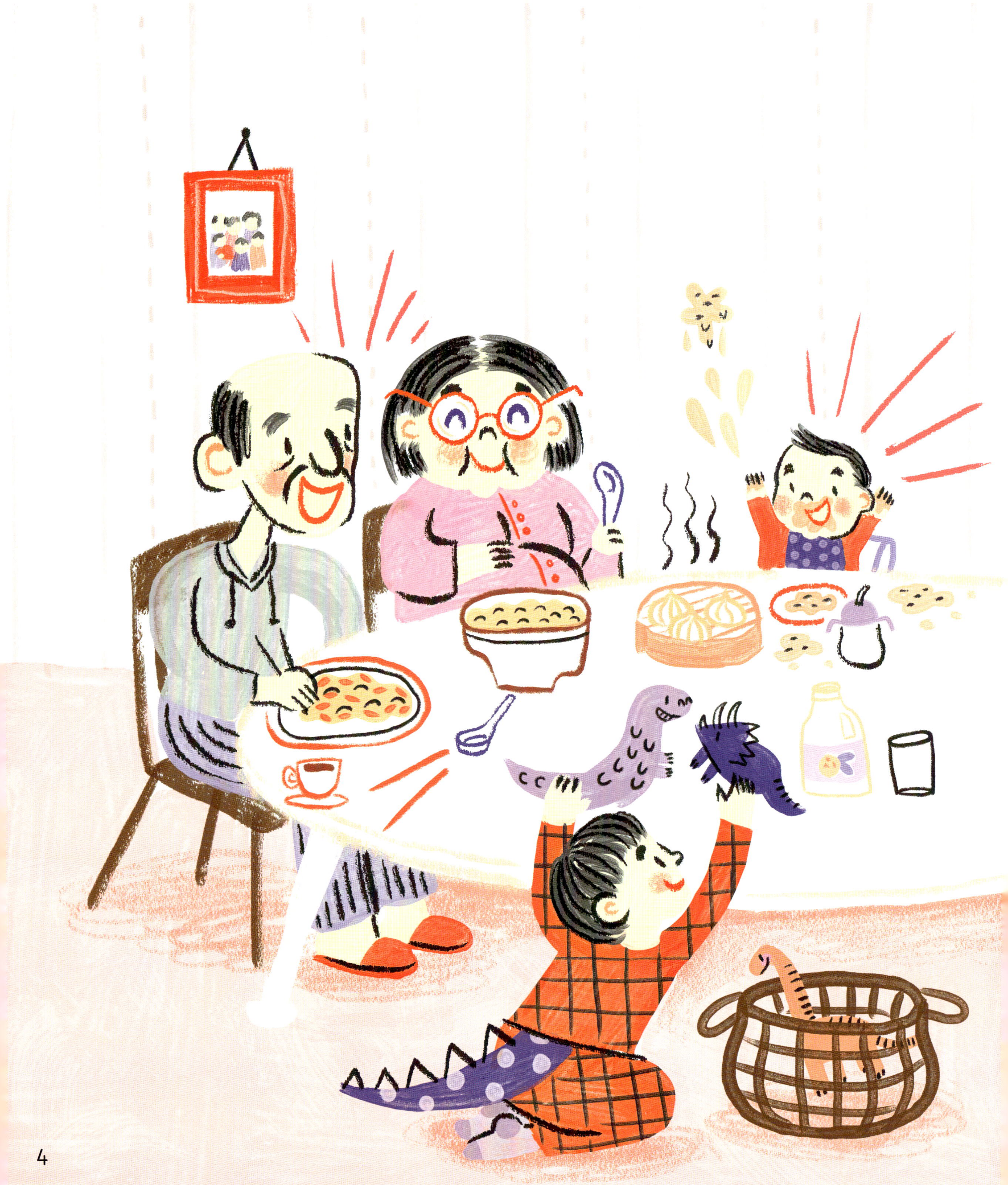

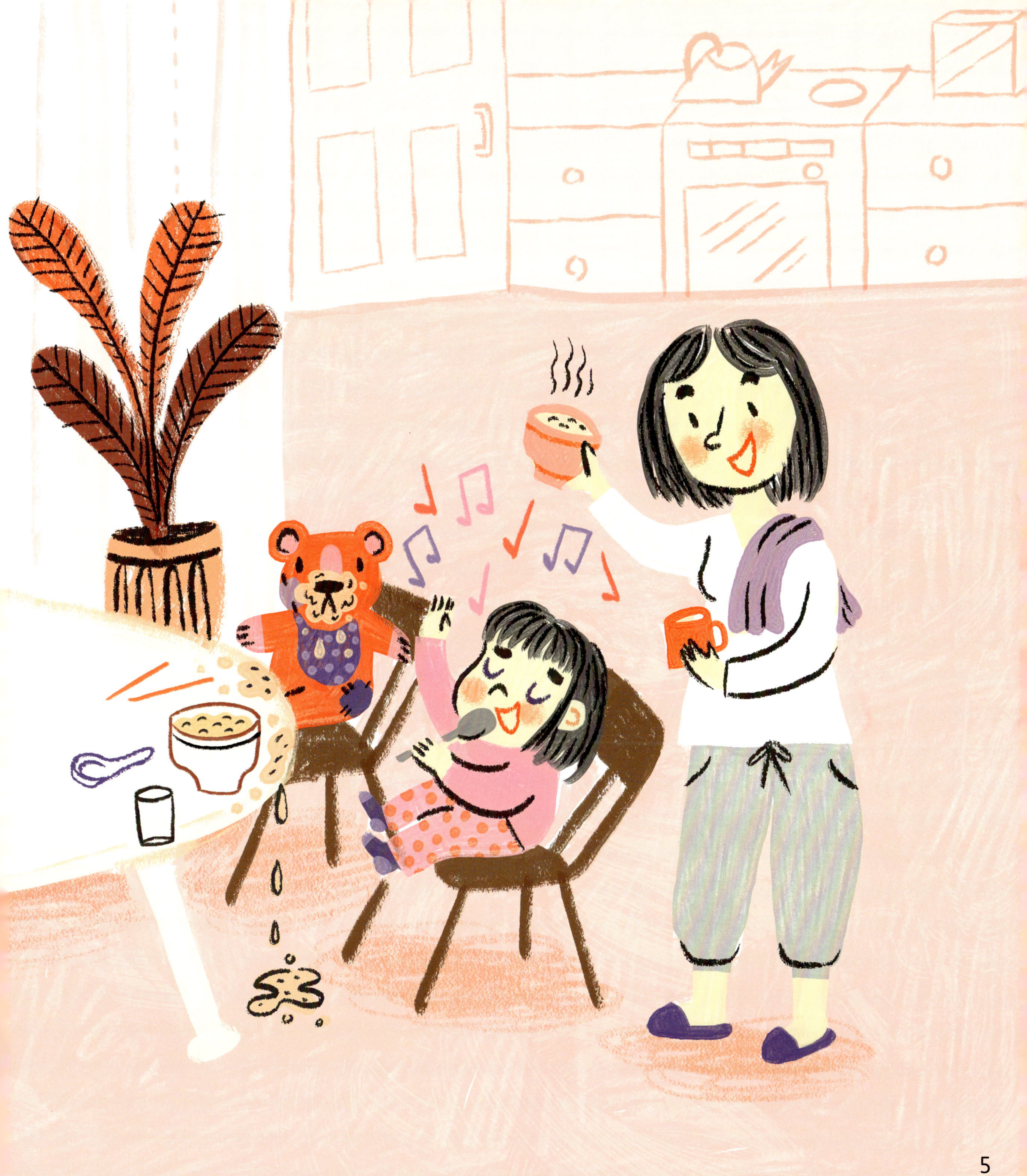

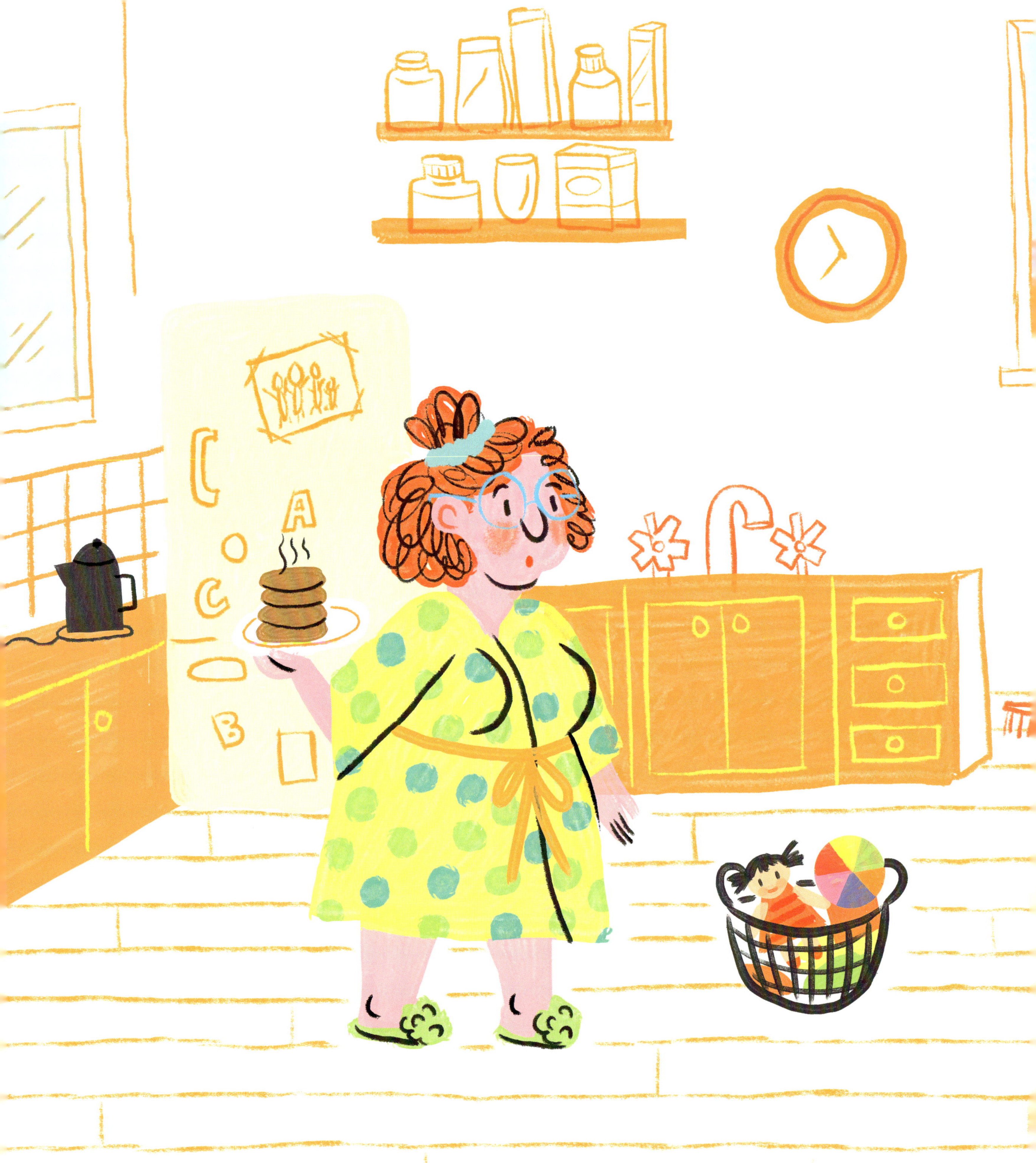
A
C
B

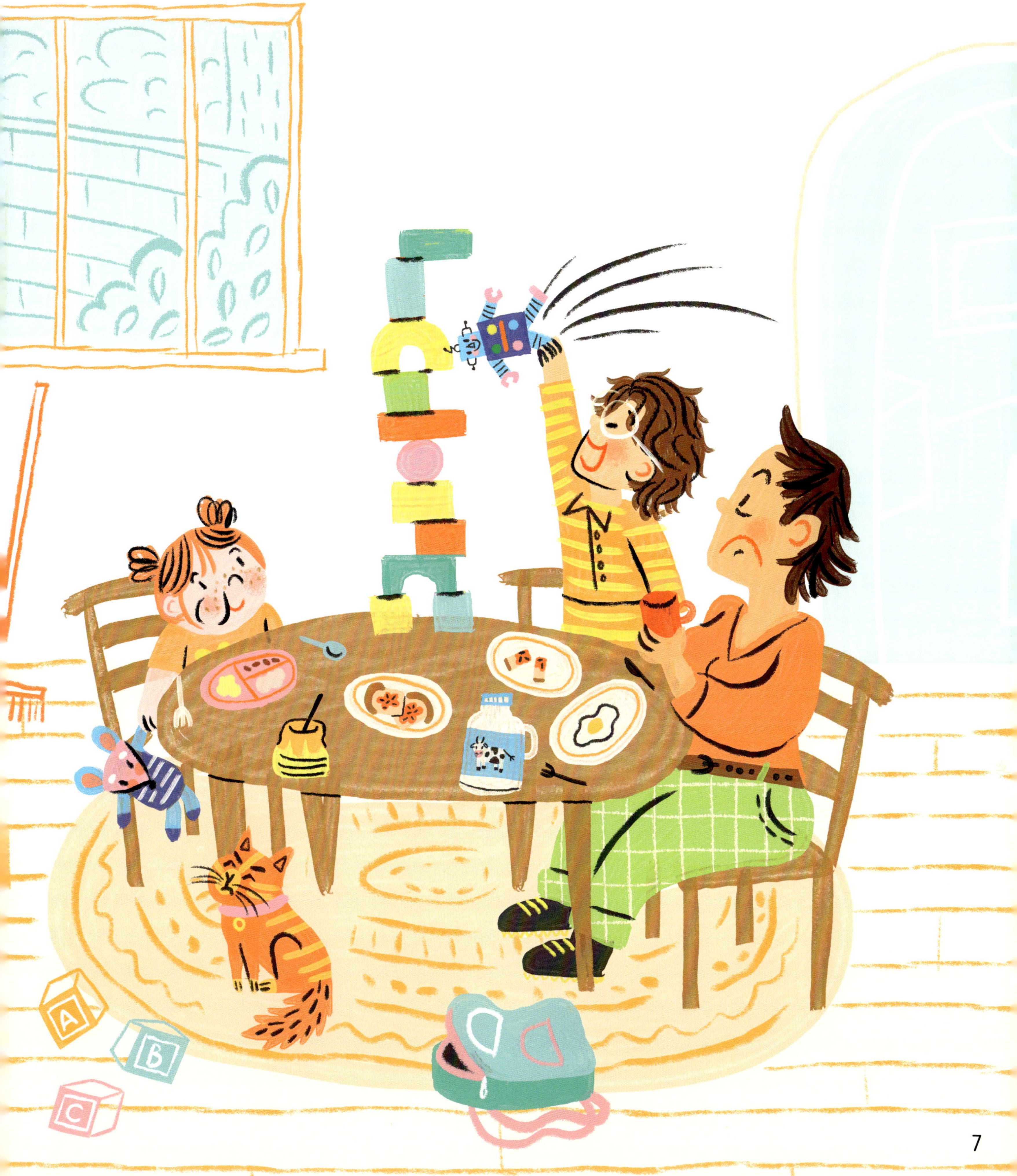
A
B
C

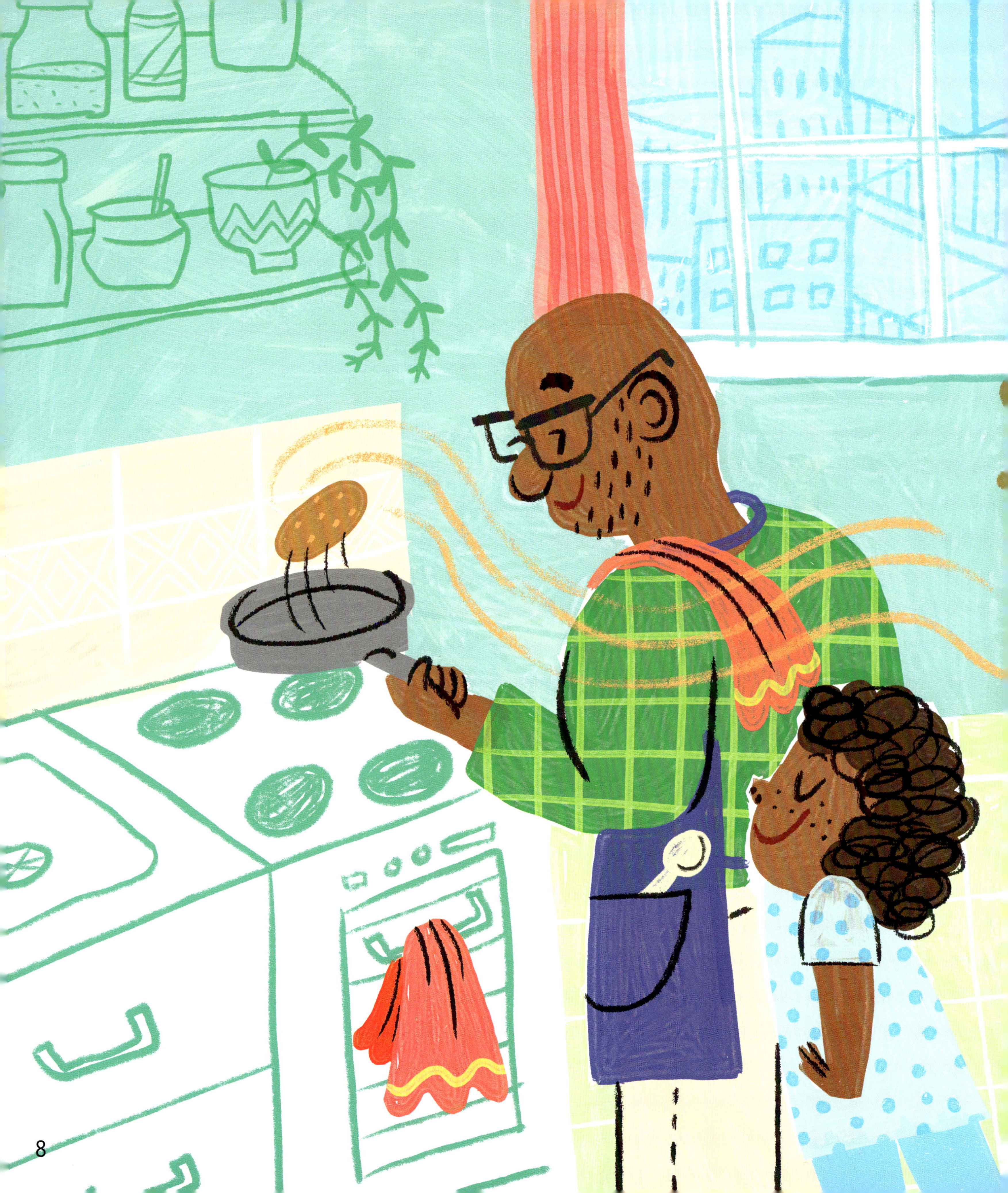

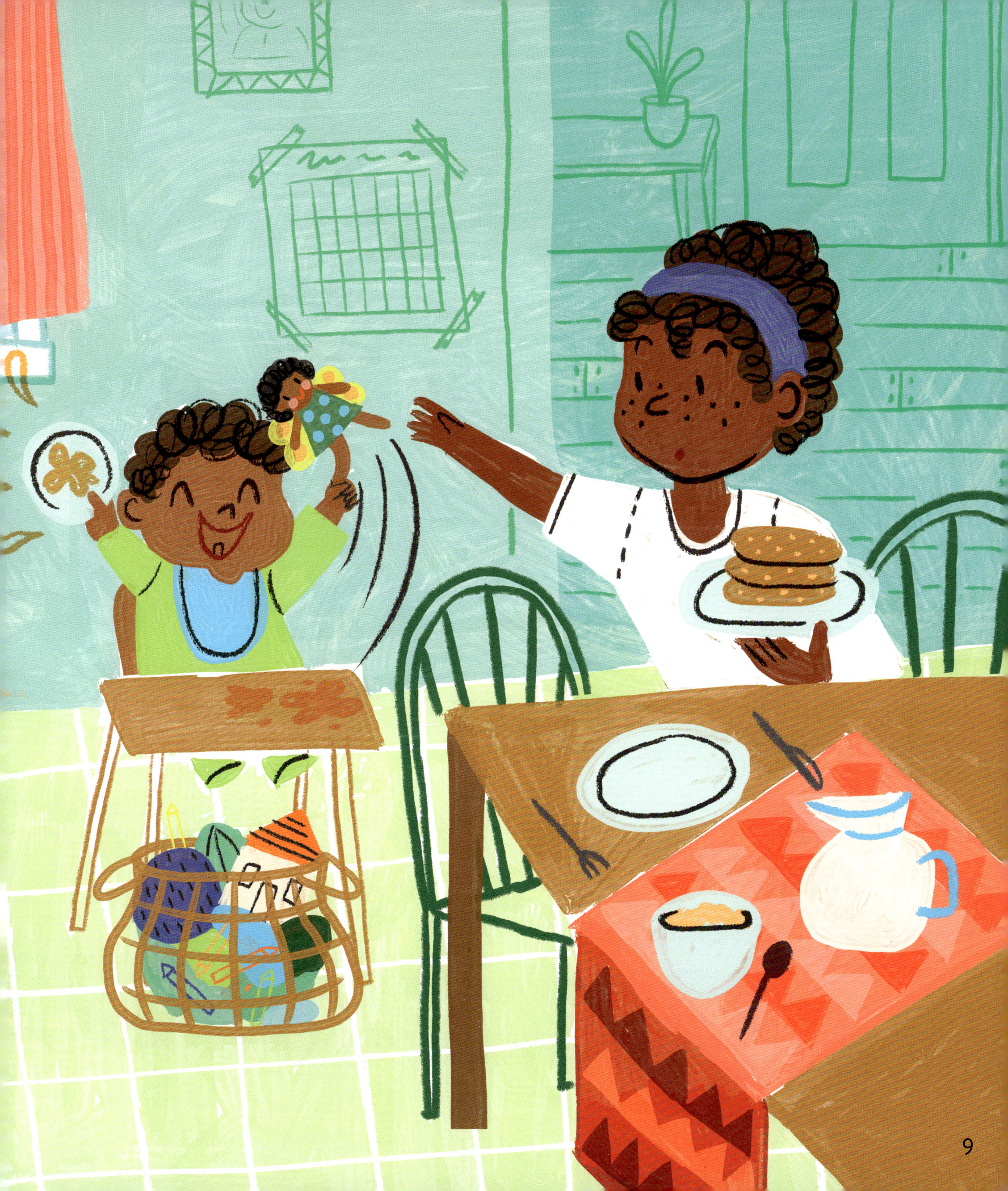

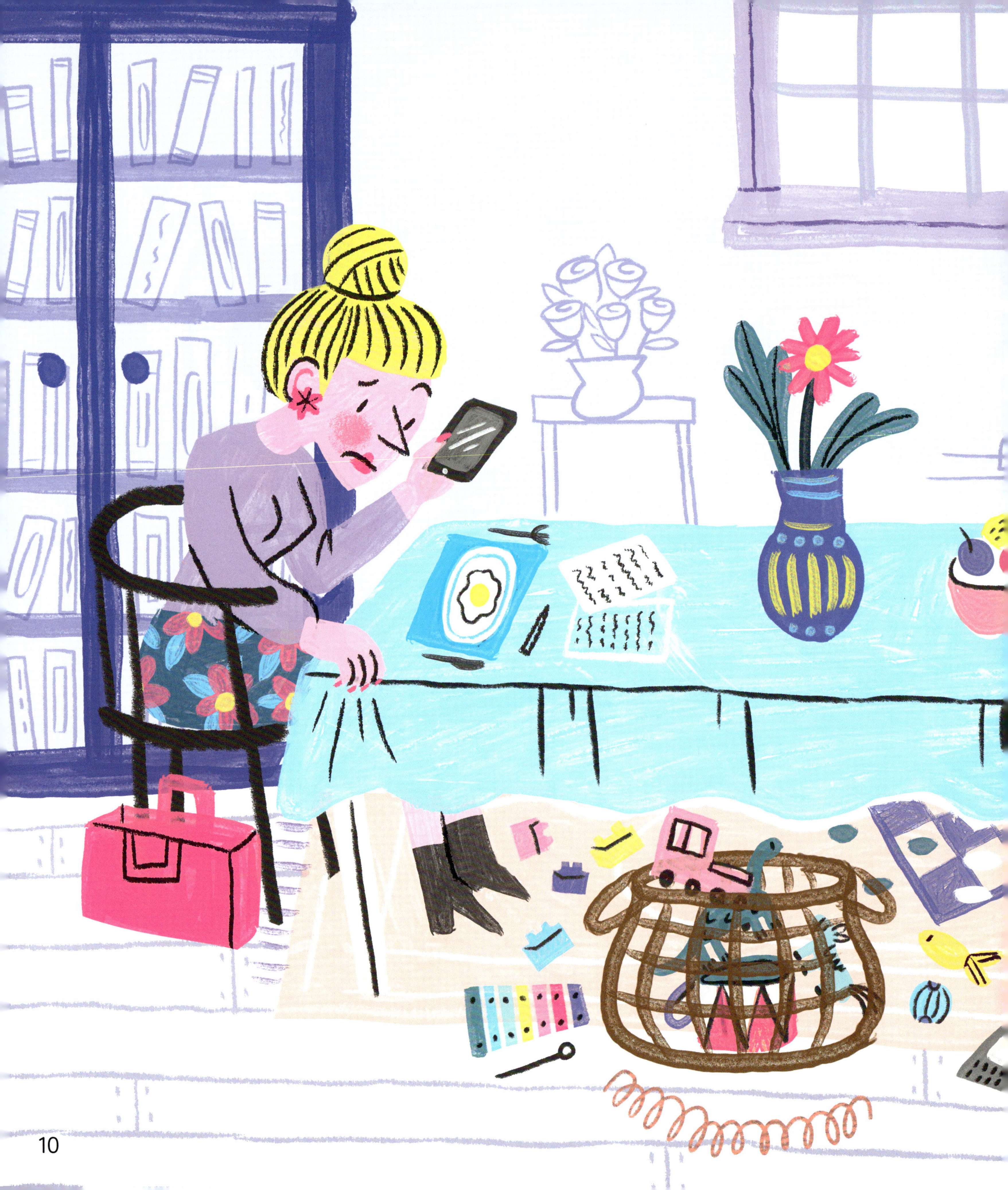

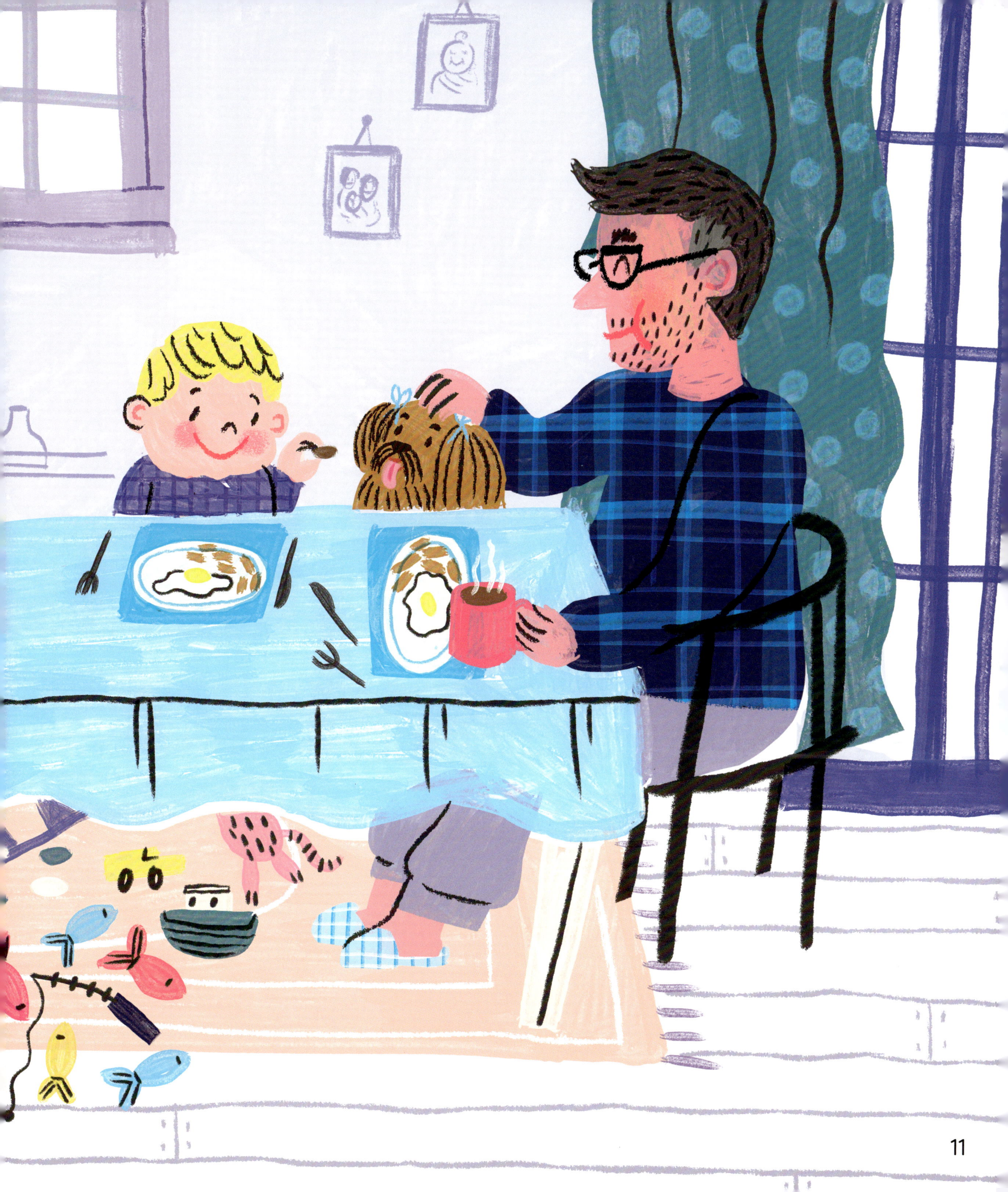

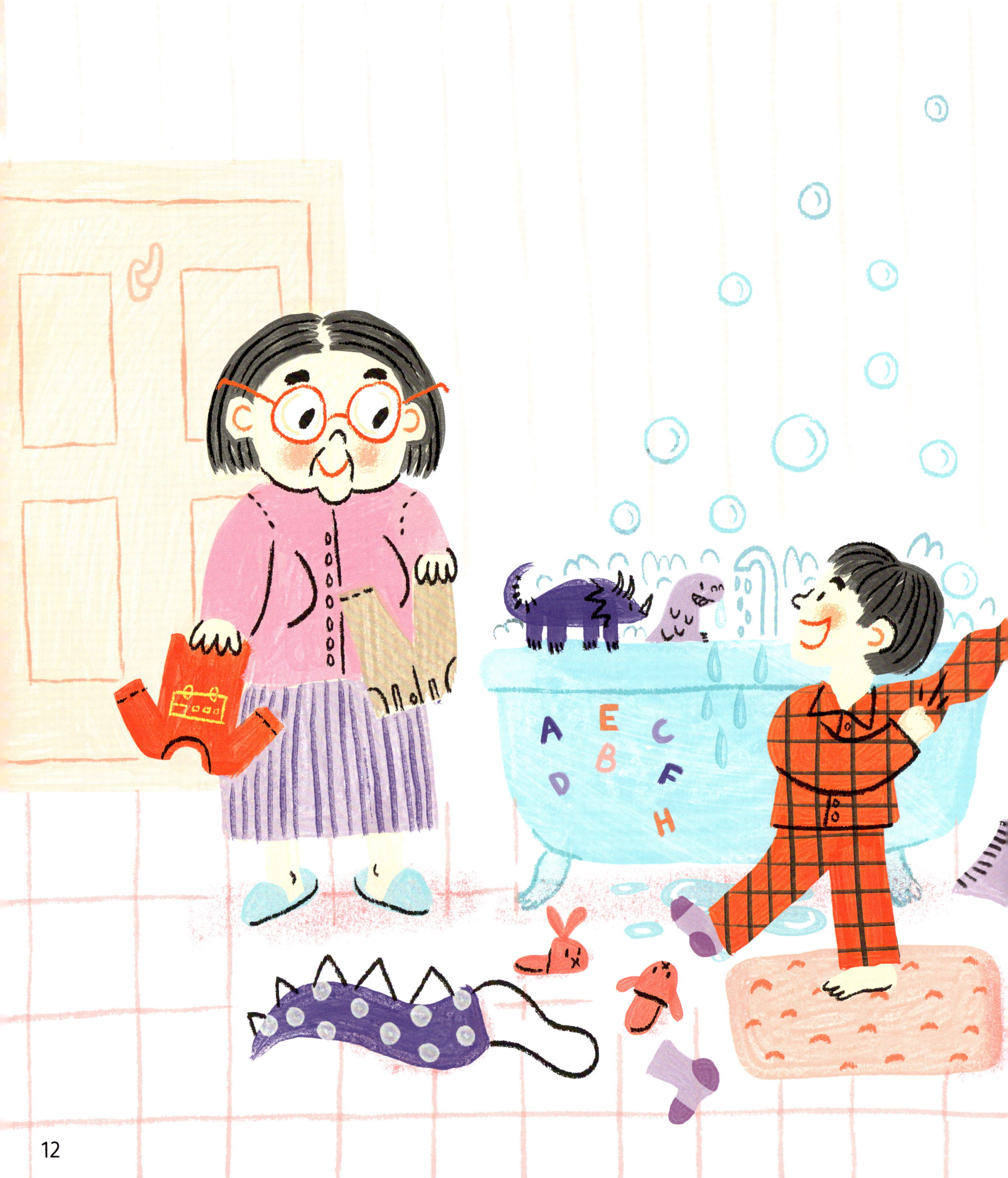
A E C
B
D F
H

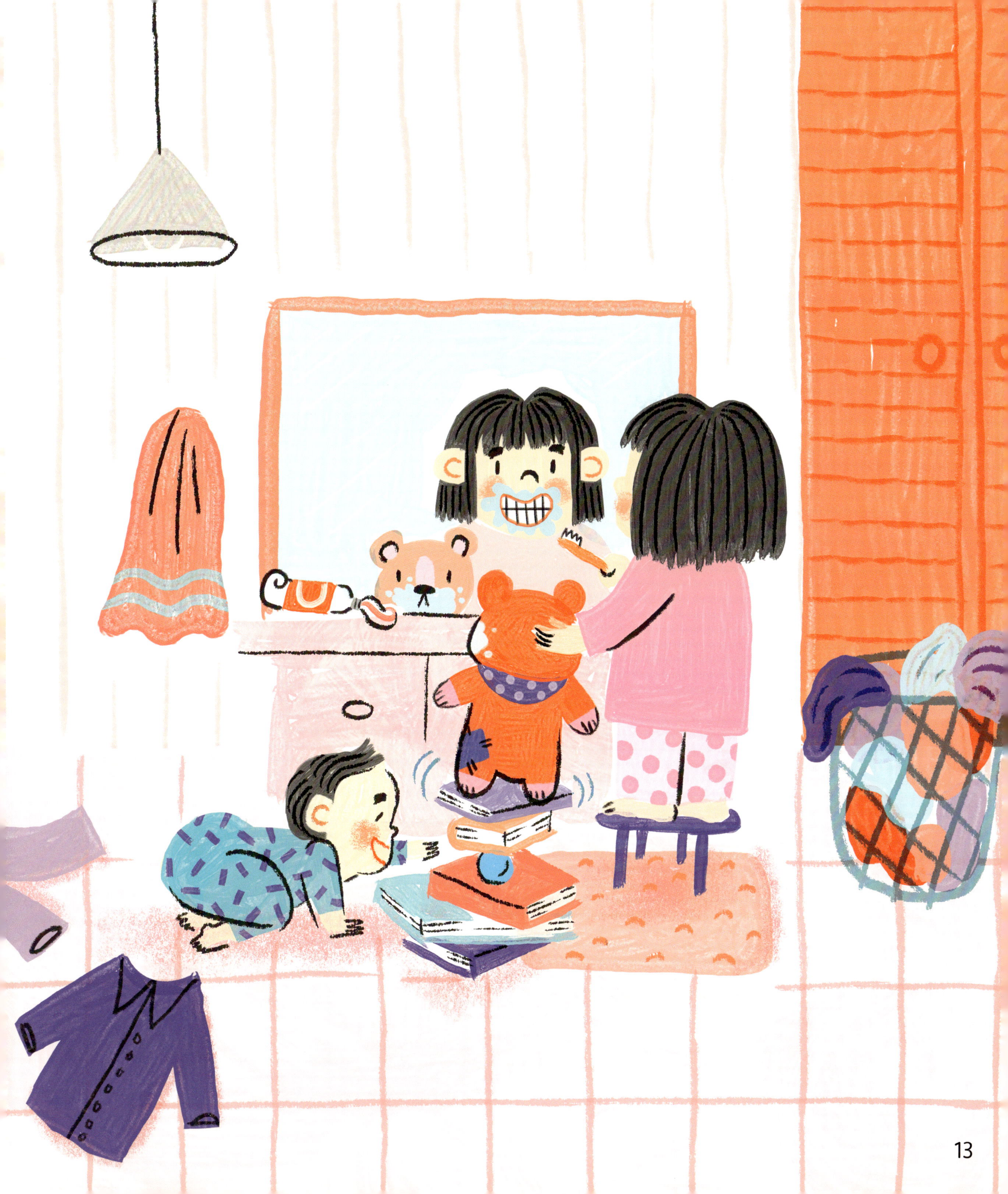

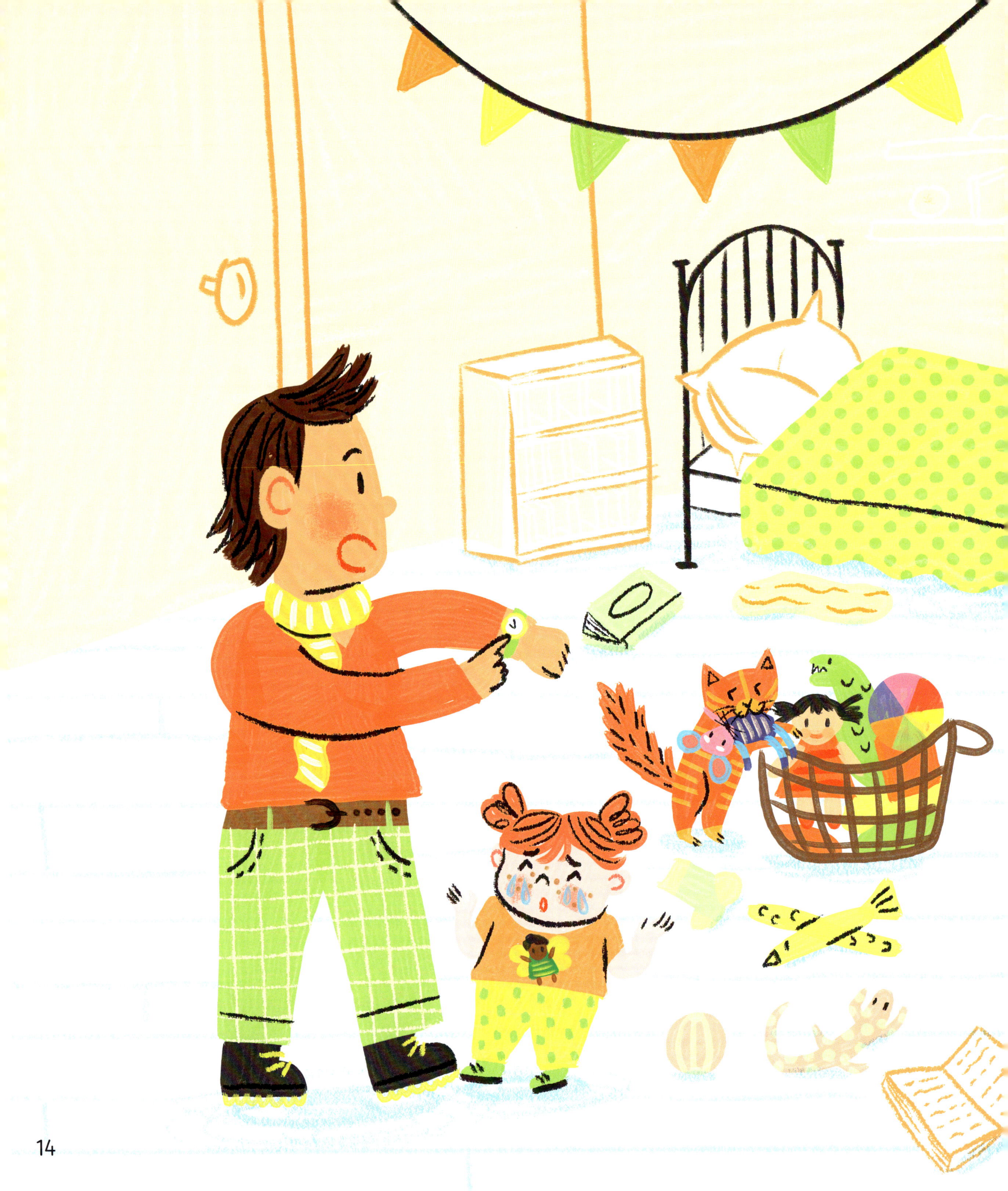

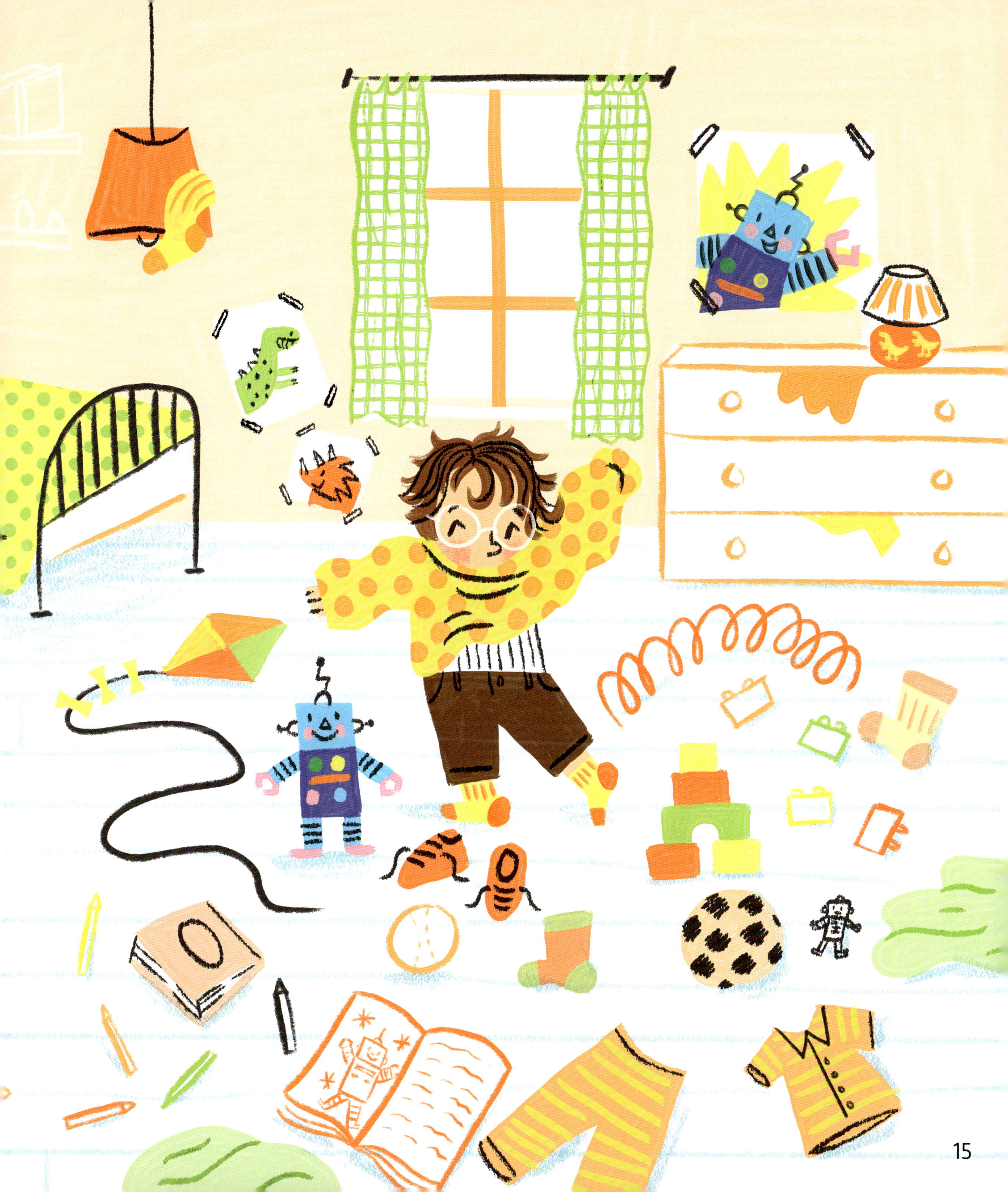

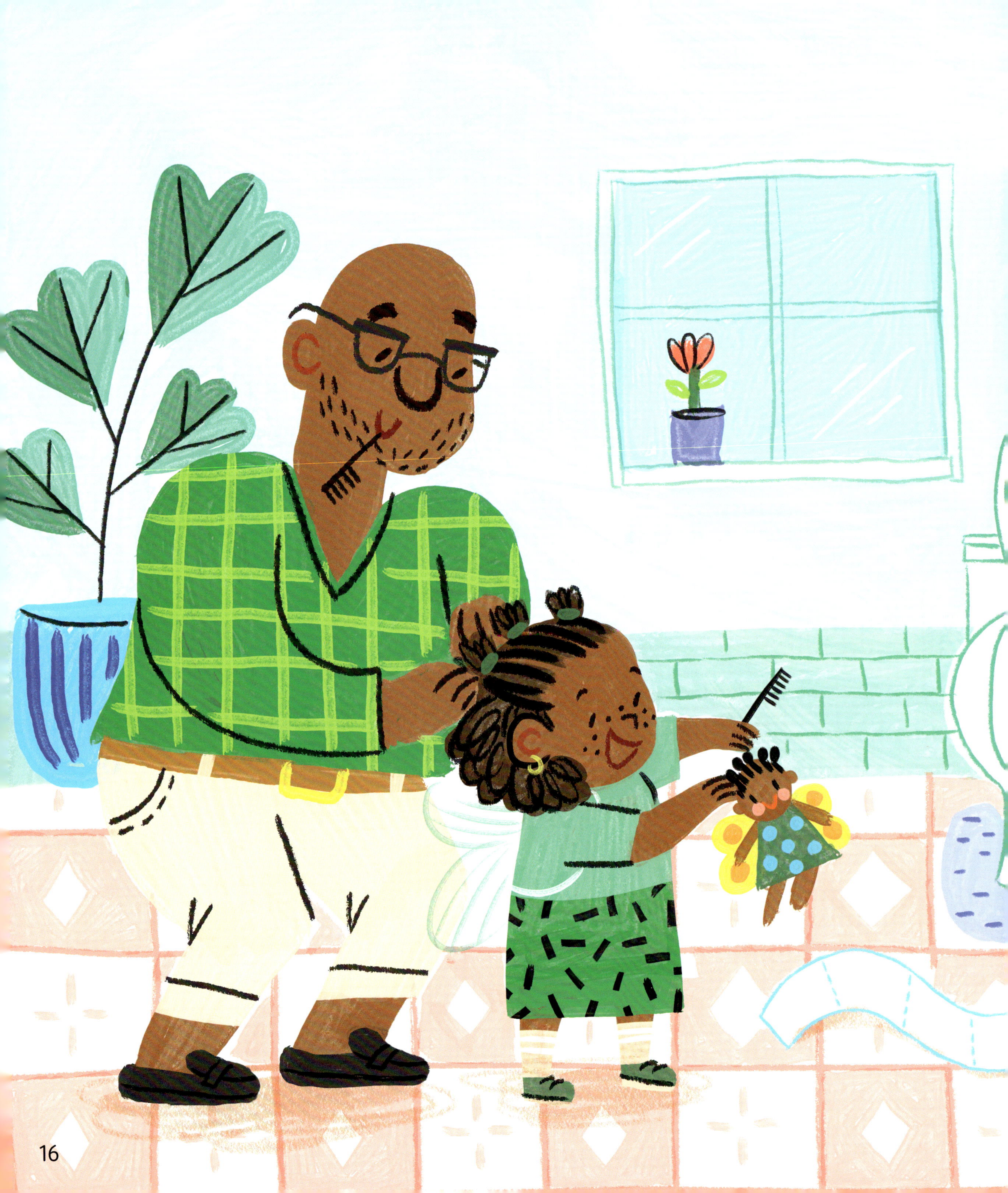

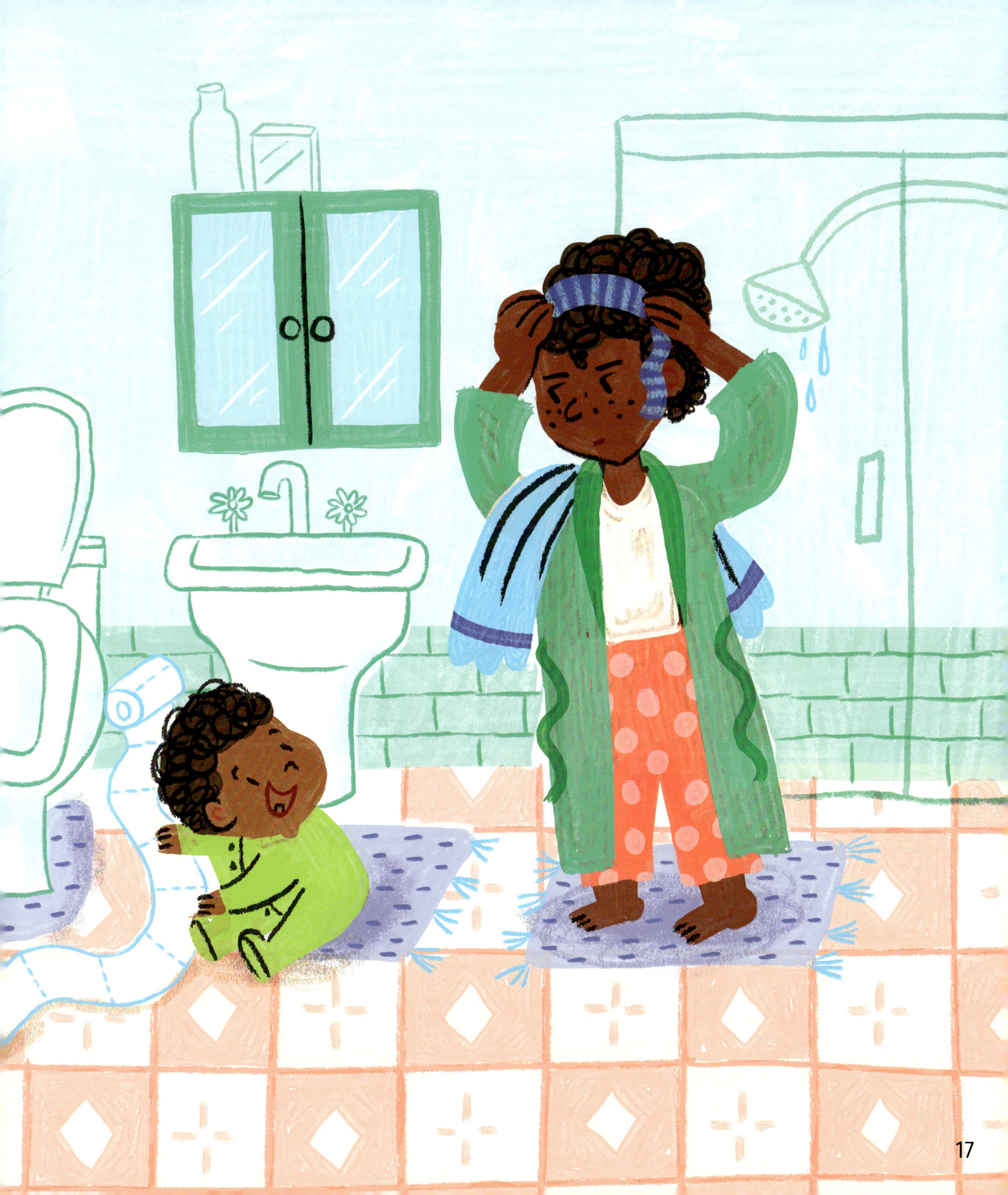

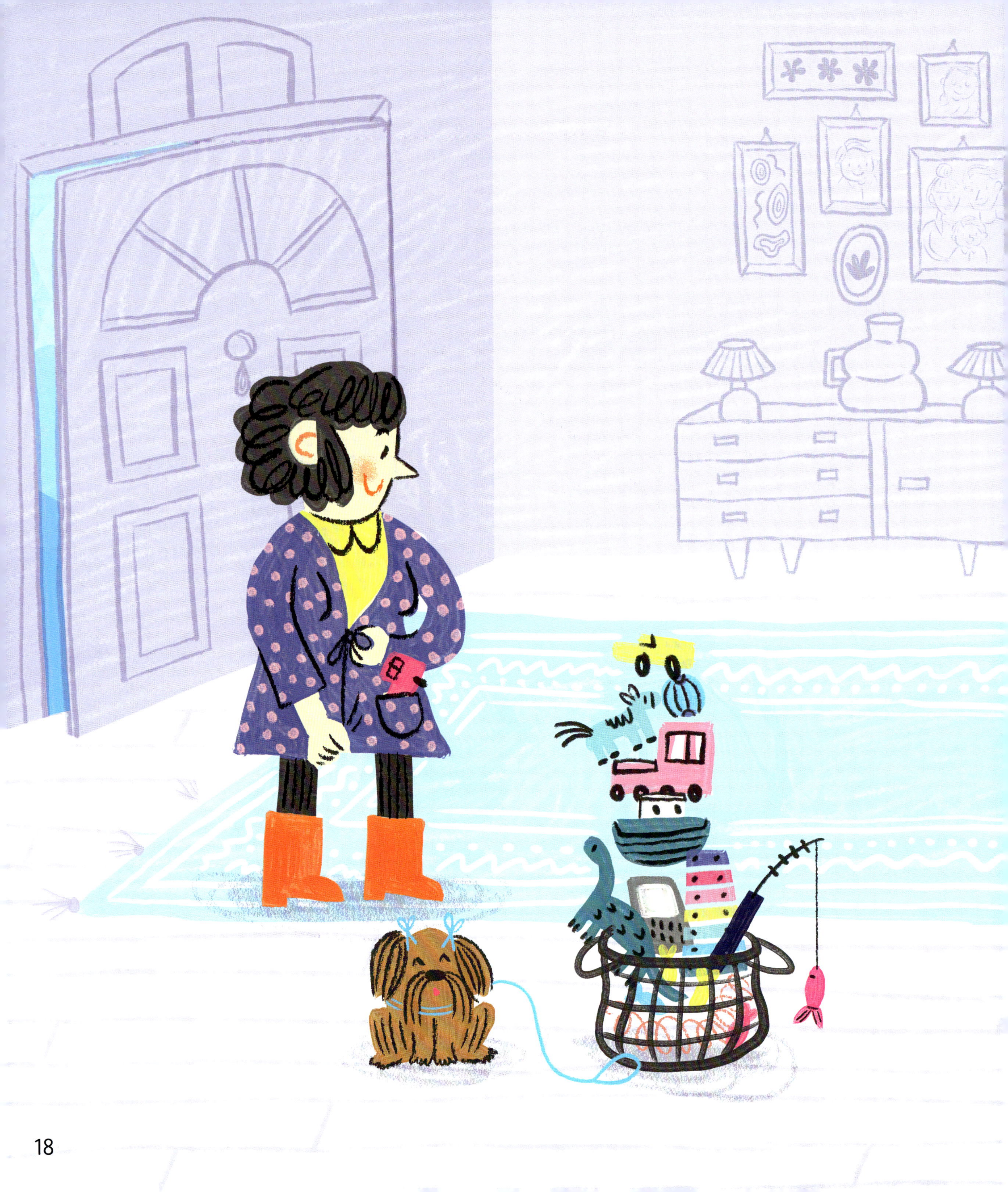

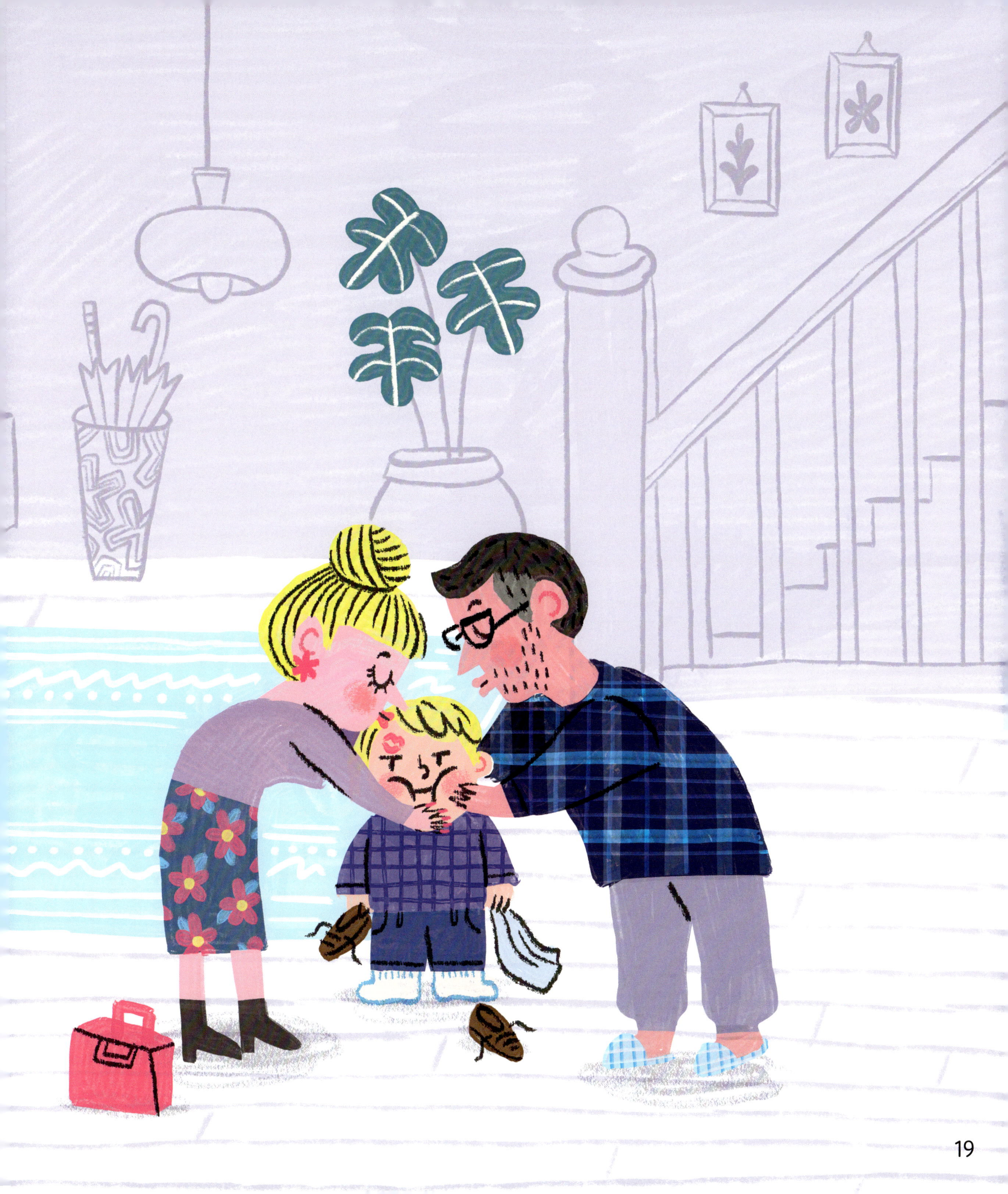

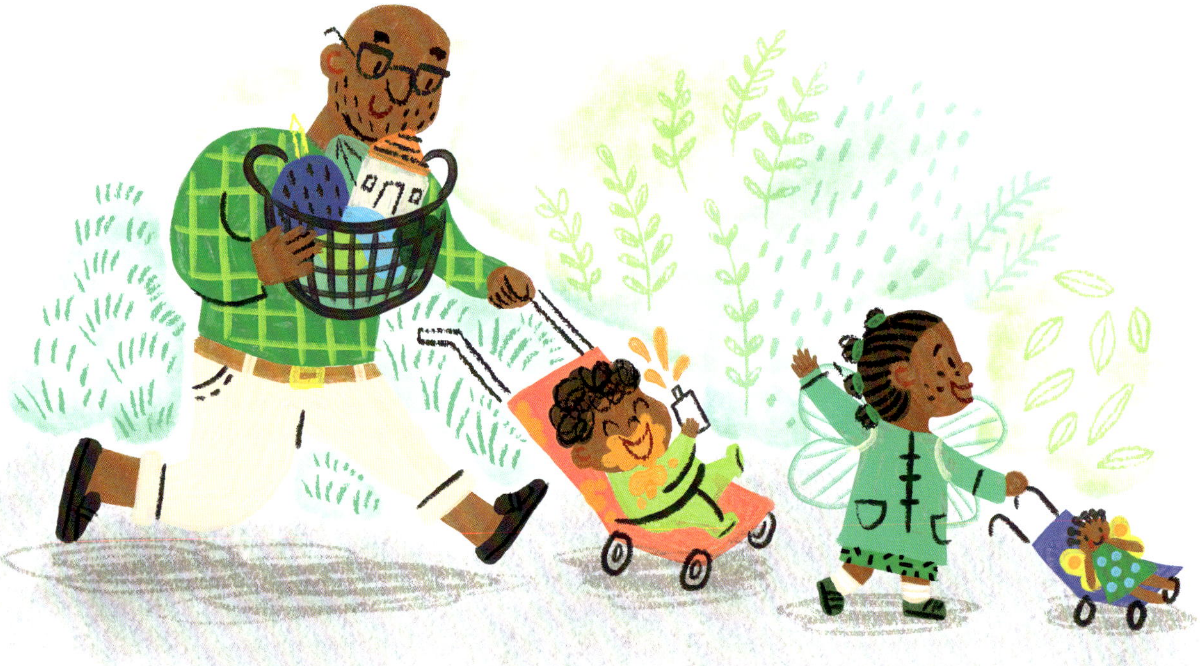

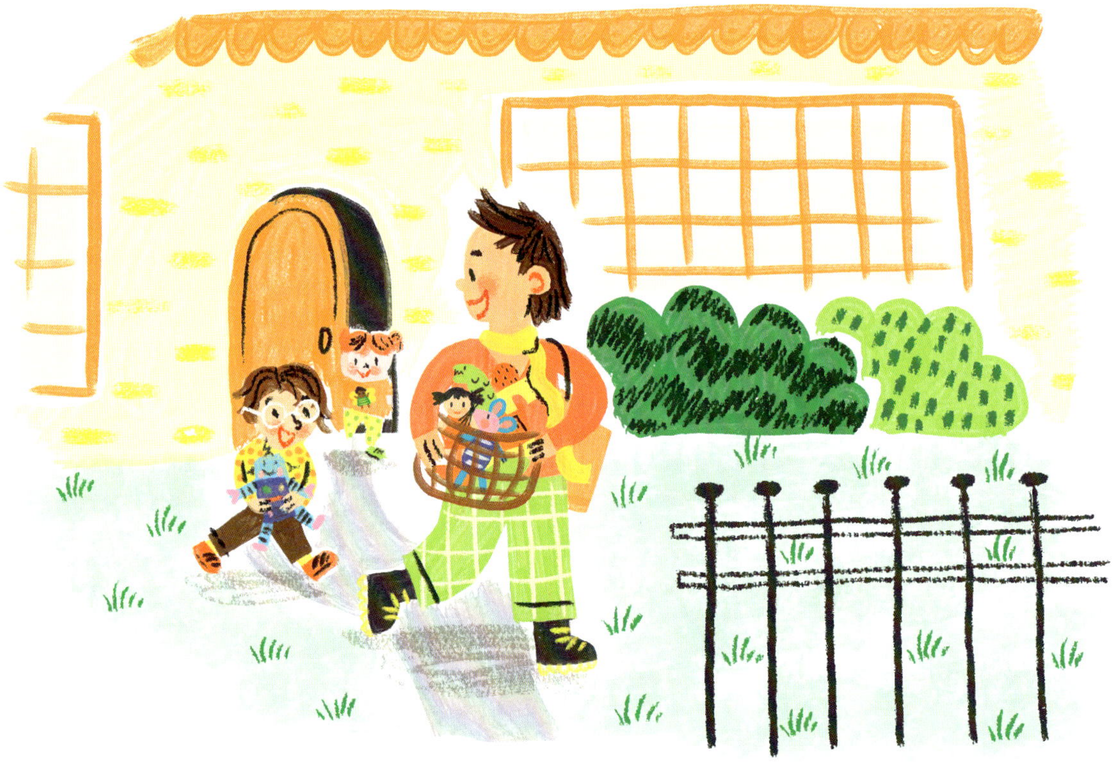

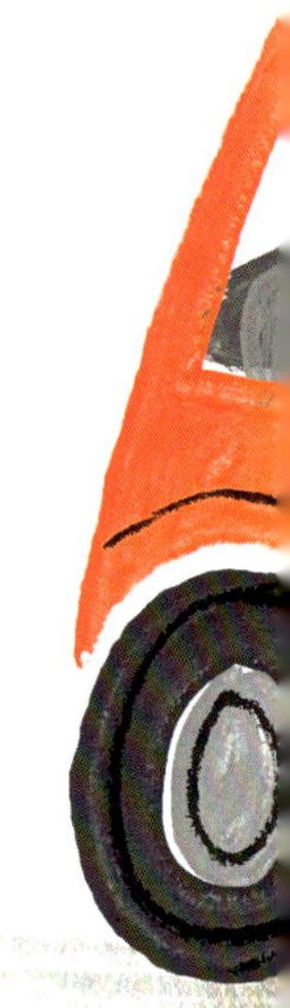

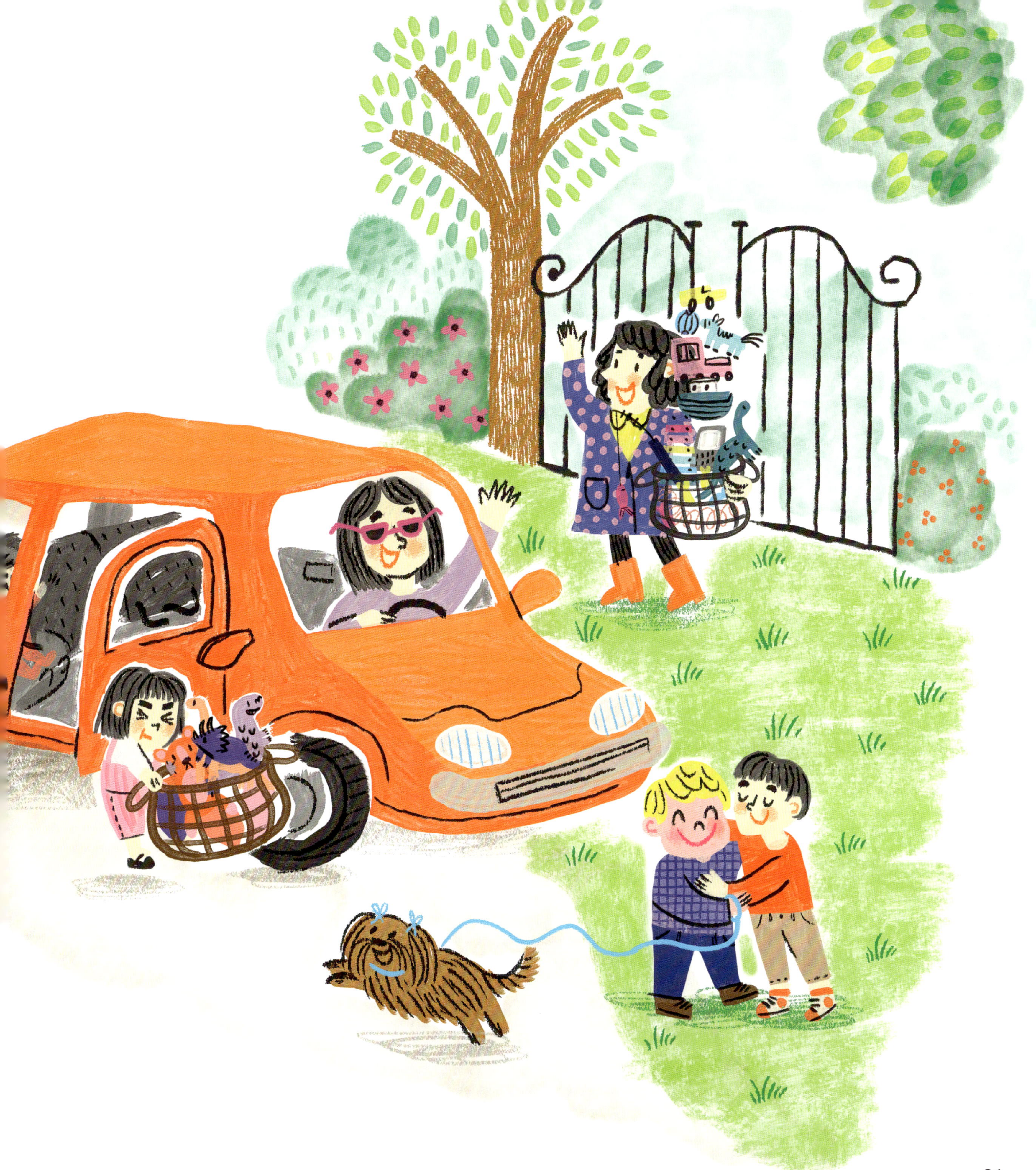

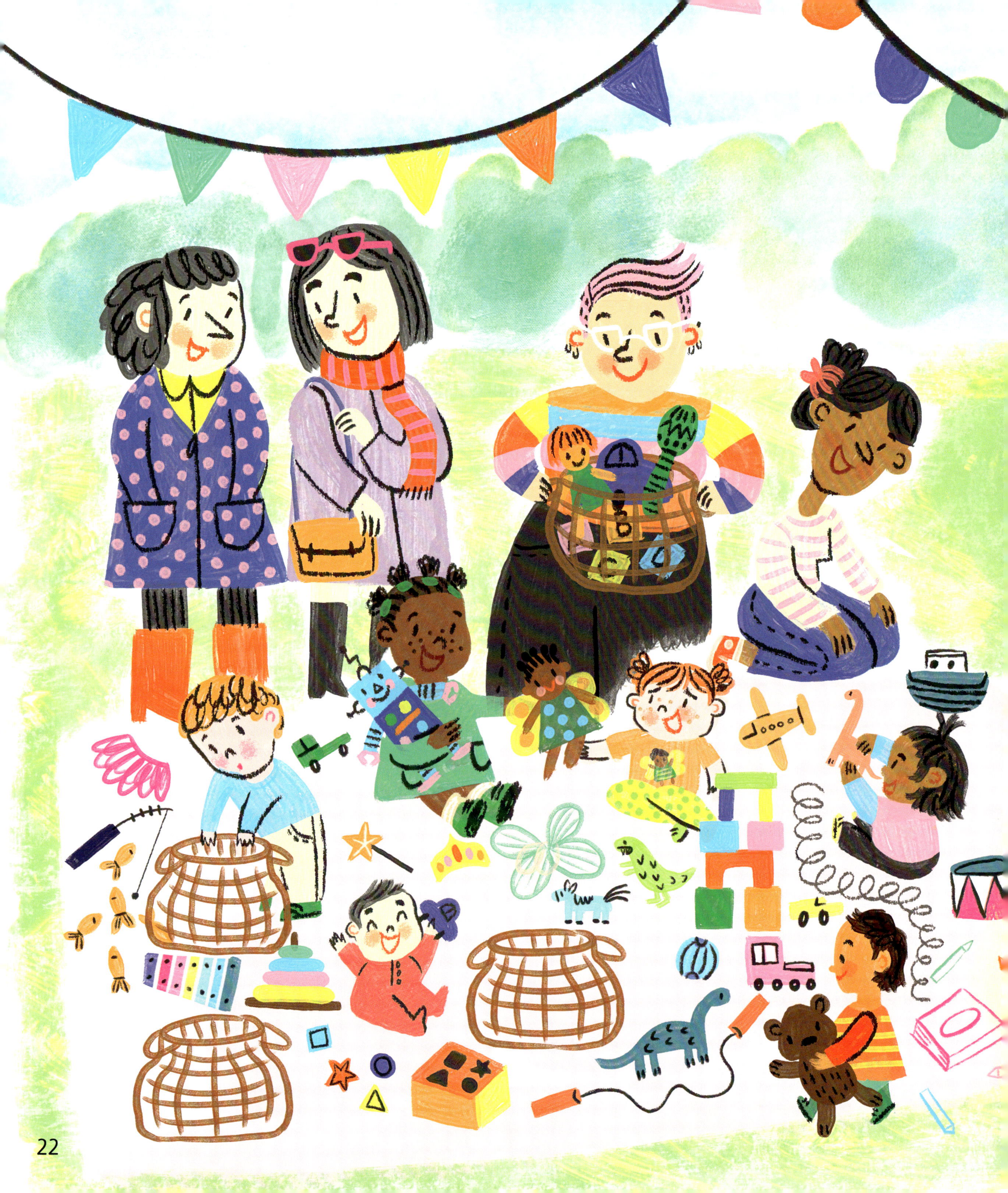

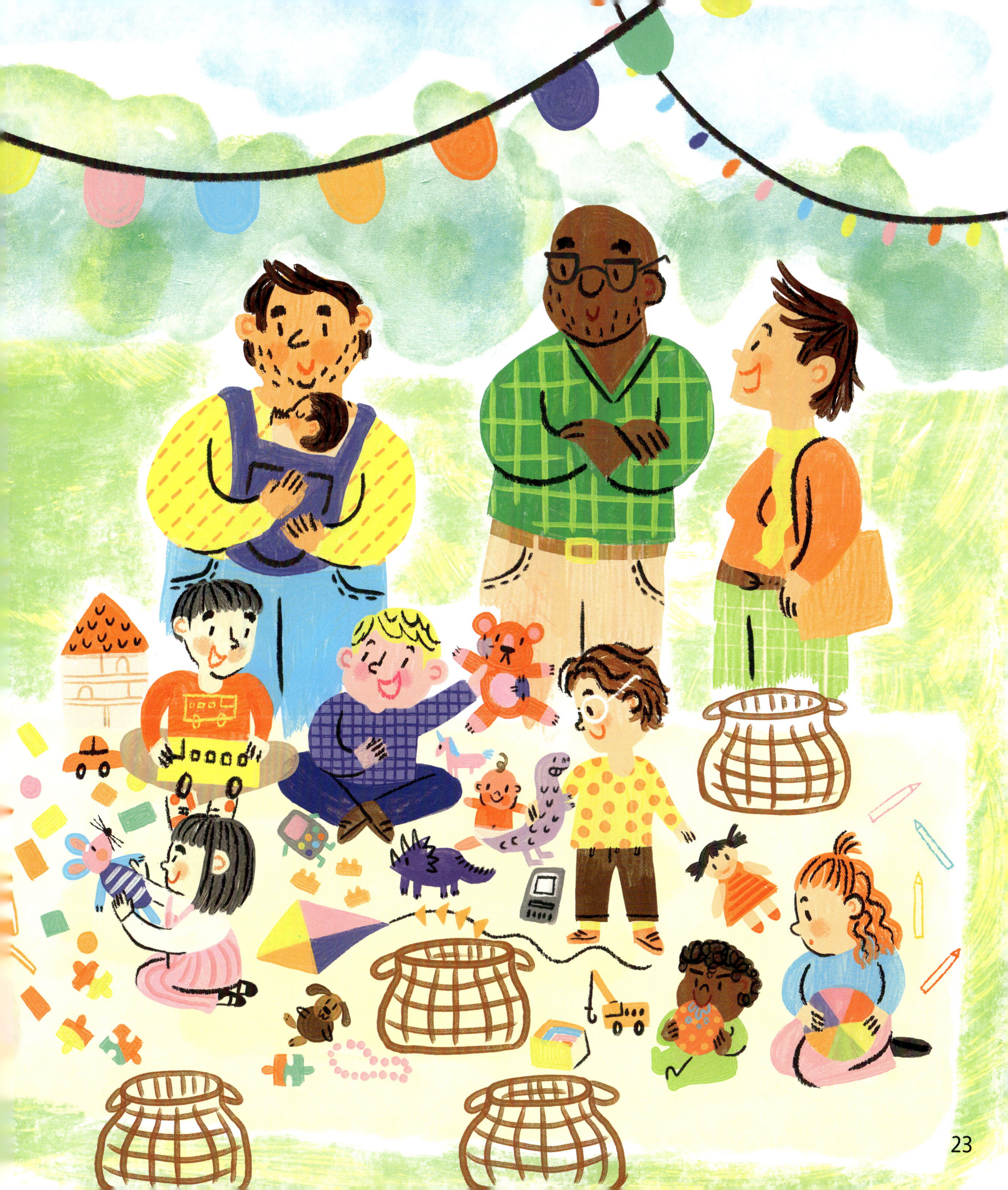

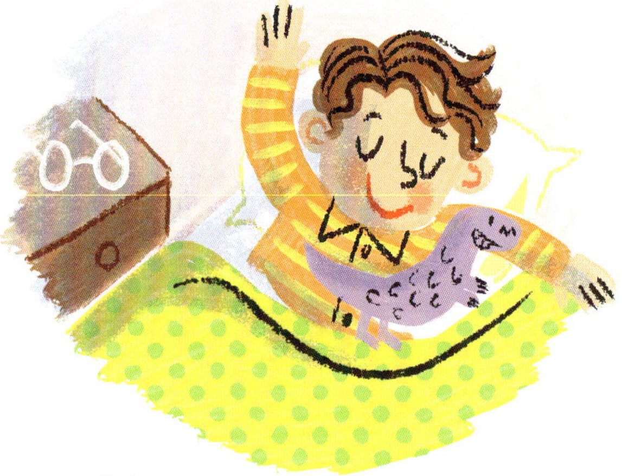

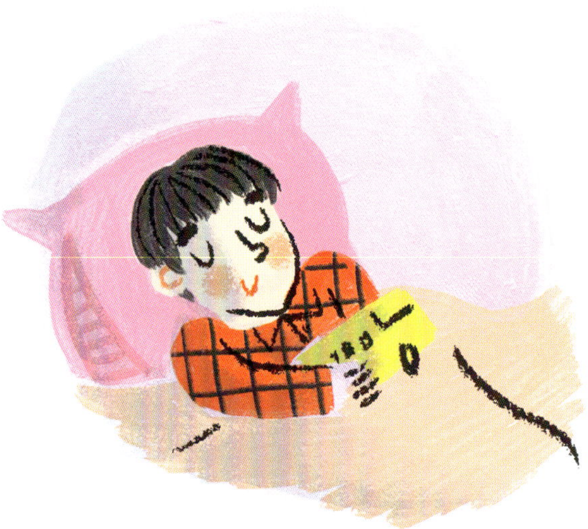

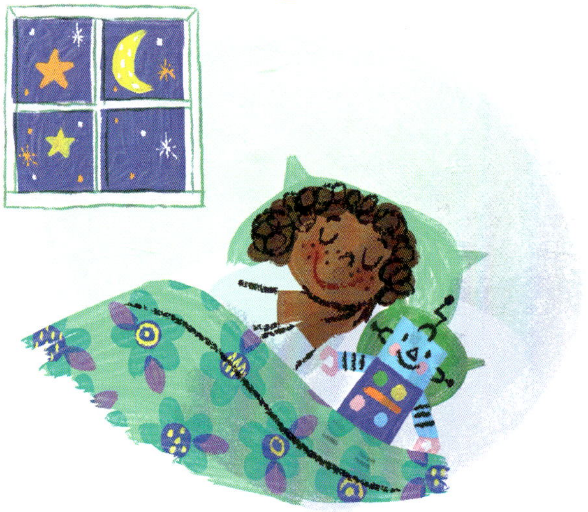

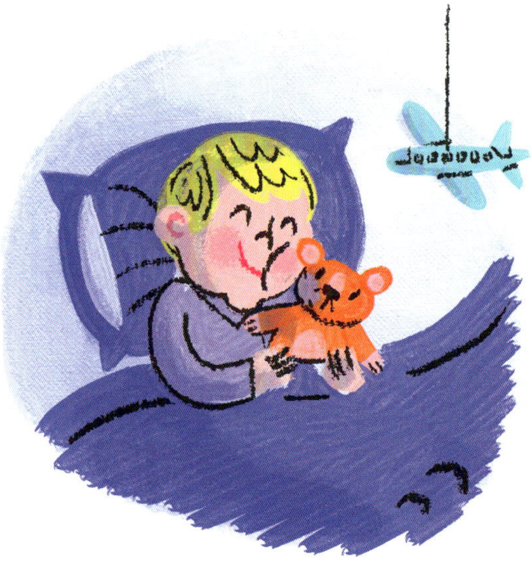